XOPLAY

© Dankkumi / Soul Creative / LG Uplus . All Rights Reserved.

등장 캐릭터 소개

온달
한글을 누가 만들었는지도 모르는
'역사 바보'였지만, 설쌤과 역사 여행을 하며
'지덕체'를 배워 나갑니다.
과연 온달은 무사히 역사 여행을 마치고,
고구려의 부마이자, 훌륭한 장수가 될 수 있을까요?

평강

온달이 부마로 인정받을 수 있도록
함께 역사 여행을 떠나는 고구려의 공주로,
온달이 계략에 빠질 때마다
함께 해결하고 싶어 하지만, 공주라는
신분 때문에 쉽게 나서지 못합니다.

설쌤
역사에 관해 모르는 게 없는 고구려의 대학자로,
역사 지식이 부족한 온달을 평강의 부마로
만들기 위해 노력하고 있습니다.
용의 송곳니를 갈아 만든 마법의 분필을 사용해
시간 여행을 하는 능력자 입니다.

엑스맨

역사를 바꾸어 스스로 영웅이 되려는
사악한 야망을 가진 미래에서 온 천재 과학자로,
역사 속으로 들어가 여러가지 사건과 소동을 일으켜
온달과 설쌤 일행을 방해하고 위인들의 업적을
가로채려는 거대한 음모를 꾸미고 있습니다.

로빈
설쌤이 키우는 귀여운 반려견으로
위기의 순간이 닥칠 때면 온달 일행을 지키는
정의롭고 용감한 강아지 입니다.

제 1화 세종대왕

한글창제의 비밀이 담긴
세종의 비밀서책이 도난 당했다!
과연 범인은 누구?

제 2화 이순신

엑스맨의 방해를 이겨내고
조선 최고의 장군 이순신의 출정을
성공시켜라!

제 3화 안중근

독립을 위한 안중근 의사의
은밀한 작전 수행, 과연 온달 일행은
이번에도 무사할 수 있을까?

시간의 문을 열어라!

모바일로 즐기는 AR 역사 탐험 게임!
· 엑스맨을 잡아라!
· 시간의 문을 완성시켜보자!

우와~!
이게 뭐야?!
혹시 마술사에요??

온달아, 역사 여행을 통해서 너를 고구려의 부마가 될 수 있도록 가르쳐주마.

쾅 쿵 쿵

억울한 일을 당해도 호소할 방법이 없는 백성들을 생각하면 눈이 먼다 한들, 내 몸이 병든다한들 어찌 쉴 수 있겠느냐?

웅성 웅성

出入禁止

문에 출입금지라고 적혀 있거늘 무엇 때문에 침입한 것이냐!

털썩...

아빠...

탁

* 모바일 QR로 앱을 받아주세요.

AR PLAY!
엑스맨을 잡아라!!

>> 한국사 대모험 앱을 실행하고 아래 이미지를 스캔해보세요!

한국사대모험 제2화
이순신

흐음...

죄송해요...
이게 왜
안 벗겨지는 거지?

흠...
어차피 시간여행은
온달과 함께 할 테니...
괜찮지 않을까요?

글쎄요...

으음...

그럼 일단...
시간의 문을 열어봐야
알 수 있겠군요

머리엔 지식을!
가슴엔 의식을!

이순신

이순신 장군님인 줄 몰라뵈어서 죄송해요.

허허...나를 아느냐?

당연하죠! 장군님을 모르는 사람이 어디 있어요~

꼭 뵙고 싶었습니다, 장군님. 혹시 저희가 도울 일이 있으시면 말씀해주십시오.

맞아요! 제가 도울게요!! 제가 이래 봬도 한 힘쓰거든요!

1597년 4월 13일 명량 앞바다

자... 이제 역사에 길이 남을 명량 해전이 펼쳐질 거야. 역사적인 순간이니까 잘 지켜보자.

네!

그럼! 잘 지켜봐야지! 내가 어떻게 영웅이 되는지 잘 지켜보거라~!!

"장군님! 장군님!!"

"헉! 저 녀석이 어떻게?!!"

"도둑놈아!! 이게 무슨 짓이야!!!"

"뭐?! 도...도둑놈?!! 이 녀석! 감히 이 엑스맨님에게!!"

AR PLAY!

엑스맨을 잡아라!!

>> 한국사 대모험 앱을 실행하고 아래 이미지를 스캔해보세요!

* 모바일 QR로 앱을 받아주세요.

한국사 대모험 제 3 화
안중근

도대체... 정체가 뭐지...?

모르면 안 되지!!!

안돼

흠... 온달아. 기억되지 않는 역사는 결국 반복된단다...

직접 안중근 의사를 만나러 가보자!

크큭...

헉, 너는...!!

얏

* 모바일 QR로 앱을 받아주세요.

AR PLAY! 엑스맨을 잡아라!!

>> 한국사 대모험 앱을 실행하고 아래 이미지를 스캔해보세요!

AR 역사 탐험 게임

전시관 등록 AR카드

1

시간의 문을 스캔해 주세요.

2

메뉴얼에 따라 문제를 풀어주세요!

3

완성된 시간의 문을 클릭해서
AR전시관으로 입장!

4

위인 전시관 옆에 카드를
등록해주세요!

5

카드를 스캔하여
AR영상을 즐겨요!

6

전시관 액자에
위인카드 등록 성공!

* 모바일 QR로 앱을 받아주세요.

시간의 문을 완성시켜라!!

>> 한국사 대모험 앱을 실행하고 아래 이미지를 스캔해보세요!

* [시간의 문]을 꼭 먼저 스캔해주세요.

이치를 깨우치는 세종대왕의 [지혜!]

 AR PLAY!

>> 한국사 대모험 앱을 실행하고 아래 이미지를 스캔해보세요!

세종대왕

머리엔 지식을!

* [시간의 문]을 꼭 먼저 스캔해주세요.

AR PLAY! 두려움을 이겨내는 이순신 장군의 [용기!]

>> 한국사 대모험 앱을 실행하고 아래 이미지를 스캔해보세요!

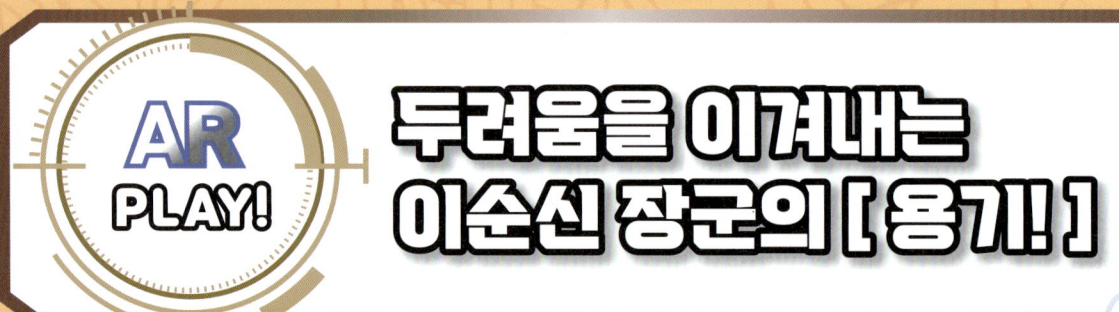

이순신

가슴엔 의식을!

* [시간의 문]을 꼭 먼저 스캔해주세요.

AR PLAY! 나라를 생각하는 안중근 의사의 [애국심!]

>> 한국사 대모험 앱을 실행하고 아래 이미지를 스캔해보세요!

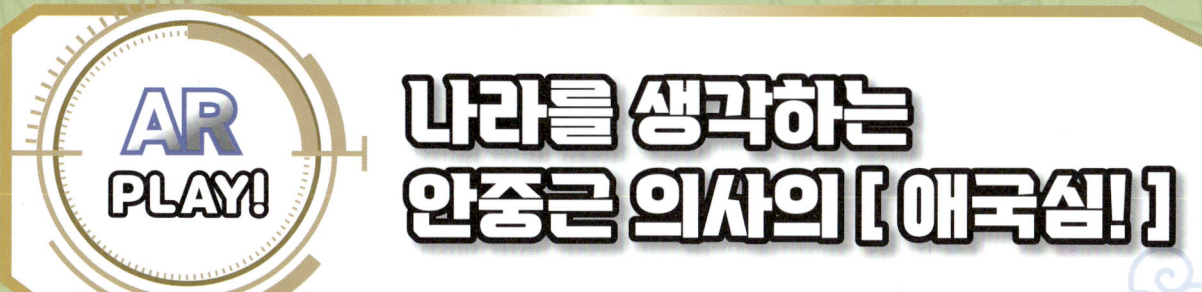

안중근

열려라, 시간의 문!

초판 1쇄 인쇄 | 2024년 6월 28일
초판 1쇄 발행 | 2024년 7월 12일

발행인 | 박세원
총괄 | 황다미
기획 | 최미정, 이승훈
디지털 개발 | 박찬규, 이현석, 이수한
디자인 | 김희정, 원영준, 김서이
편집 | 배준
마케팅 담당 | 정재학
제작 담당 | 장윤애
영업 담당 | 송지훈, 박창신
발행처 | ㈜엑스오플레이
출판등록일 | 2024년 5월 8일
등록번호 | 제2024-000105
주소 | 서울시 마포구 독막로 15길 24
전화 | 070 7500 8668

홈페이지: xoplay.kr | **인스타그램:** @xoplay.kr | **유튜브:** '엑스오플레이' 검색

ISBN 979-11-987797-3-1
ISBN 979-11-987797-2-4 (세트)

본 제품은 주식회사 단꿈아이와 상품화 계약에 의거 제작, 생산되오니 무단복제시 법의 처벌을 받습니다.